ÜBER ST. PAULI

St. Pauli hat weltweit einen zwielichtigen Ruf. Meine Adresse bringt, wenn ich sie nenne, mindestens Erstaunen hervor. Ich lebe an der »sündigsten Meile der Welt«.

Daß St. Pauli einer der größten Stadtteile Hamburgs ist, der sich vom »Neuen Pferdemarkt« bis zu den »Landungsbrücken« und vom »Nobistor« bis zum »Millerntor« erstreckt, wissen Wenige. »Reeperbahn« und »Herbertstraße«, das ist für sie St. Pauli. Assoziationen wie »Pornographie«, »Prostitution« und »Gewaltkriminalität« bestimmen das vorgestellte Bild, bestätigt durch Berichte in den Medien.

Für mich ist St. Pauli anders. Es gleicht einem Schmelztiegel menschlichen Lebens. Für St. Pauli empfinde ich täglich mehr Verbundenheit als mit vielen anderen Hamburger Stadtteilen, in denen ich immer wieder erlebe, daß sich die Bewohner in den Mietshäusern fremd sind. In St. Pauli verspüre ich in vielen Straßen noch eine nahezu kleinstädtische Atmosphäre. Viele Menschen kennen sich untereinander. Hier sitzen alte Leute im Sommer gemütlich vor den Türen und halten »Klönschnack«, während Kinder »Hinkelstein« spielen. Hier wohnen Artisten, Schausteller und Seemänner neben Handwerkern, Angestellten und Arbeitern, Beamten, Geschäfts- und Wirtsleuten. Die »Damen der käuflichen Gunst« fühlen sich auf St. Pauli ebenso zu Hause wie die zahlreichen studentischen Wohngemeinschaften. Menschen verschiedenster Nationalität, sowie gesellschaftliche Außenseiter, werden hier mehr toleriert als anderswo. Das Vernügungsviertel, ein Magnet für Menschen aus aller Welt, ist für St. Paulianer nichts weiter als ein gewöhnlicher Bestandteil ihres Wohngebietes.

St. Pauli hat für mich viele Seiten, die liebenswürdig und aufregend sind. In erster Linie denke ich dabei an die Menschen, ganz gleich, ob sie in diesem Stadtteil wohnen, arbeiten oder sich aus sonstwelchen Gründen hier aufhalten. Mich interessieren diese Menschen. Mich faszinieren ihre Erscheinungen, ihre Gesichter und das, was in ihnen zum Ausdruck kommt, und ich bin wißbegierig auf das, was sich dahinter verbirgt an Lebenseinstellungen, Erfahrungen und Schicksalen. Kurz: Ich möchte diese Menschen kennenlernen, – ganz persönlich. Daß ich meine Vorurteile hierbei des öfteren berichtigen muß, überrascht mich inzwischen kaum noch.

JÖRG MEIER

Jörg Meier
Die Würde dieser Menschen
St. Pauli-Portraits

Siebenundsiebzig
Photographien
in Kupfertiefdruck

Delphi 1054
verlegt bei Greno

DELPHI 1054.

Reproduktion und Druck S.I.L. Nancy.
Bindung Wagner GmbH, Nördlingen.
Printed in France.
ISBN 3-89190-754-0.

Gerhard Redlich, 43 Jahre
Filialleiter bei der ›Dresdner Bank‹
September 1981

Uschi und Peter Oberländer, 37 und 40 Jahre
Obsthändler
September 1981

Regis Genger, 46 Jahre
Apothekerin in der ›Neuen Apotheke – St. Pauli‹
Oktober 1981

Rosa Hoffmann (Tante Rosa), 82 Jahre
Toilettenfrau im ›Top Ten Club‹
Januar 1982

Karl Walter, 80 Jahre
Rentner
April 1982

Carl-Friedrich Zeyher, 82 Jahre
Altkleiderkaufmann
April 1982

Uwe Quack, 37 Jahre
Portier im ›Sauna Club Marlene‹
Juni 1982

Lina Winkelmann, 73 Jahre
Rentnerin
August 1982

Mario Mertens, 9 Jahre
Schüler
September 1982

Michael Slavic, 7 Jahre
Laika Karway, 12 Jahre
Darka Vidic, 10 Jahre
Dalibor Vidic, 8 Jahre
Schüler
September 1982

Mehmet Soy, 38 Jahre
CO_2-Schweißer, arbeitslos
Oktober 1982

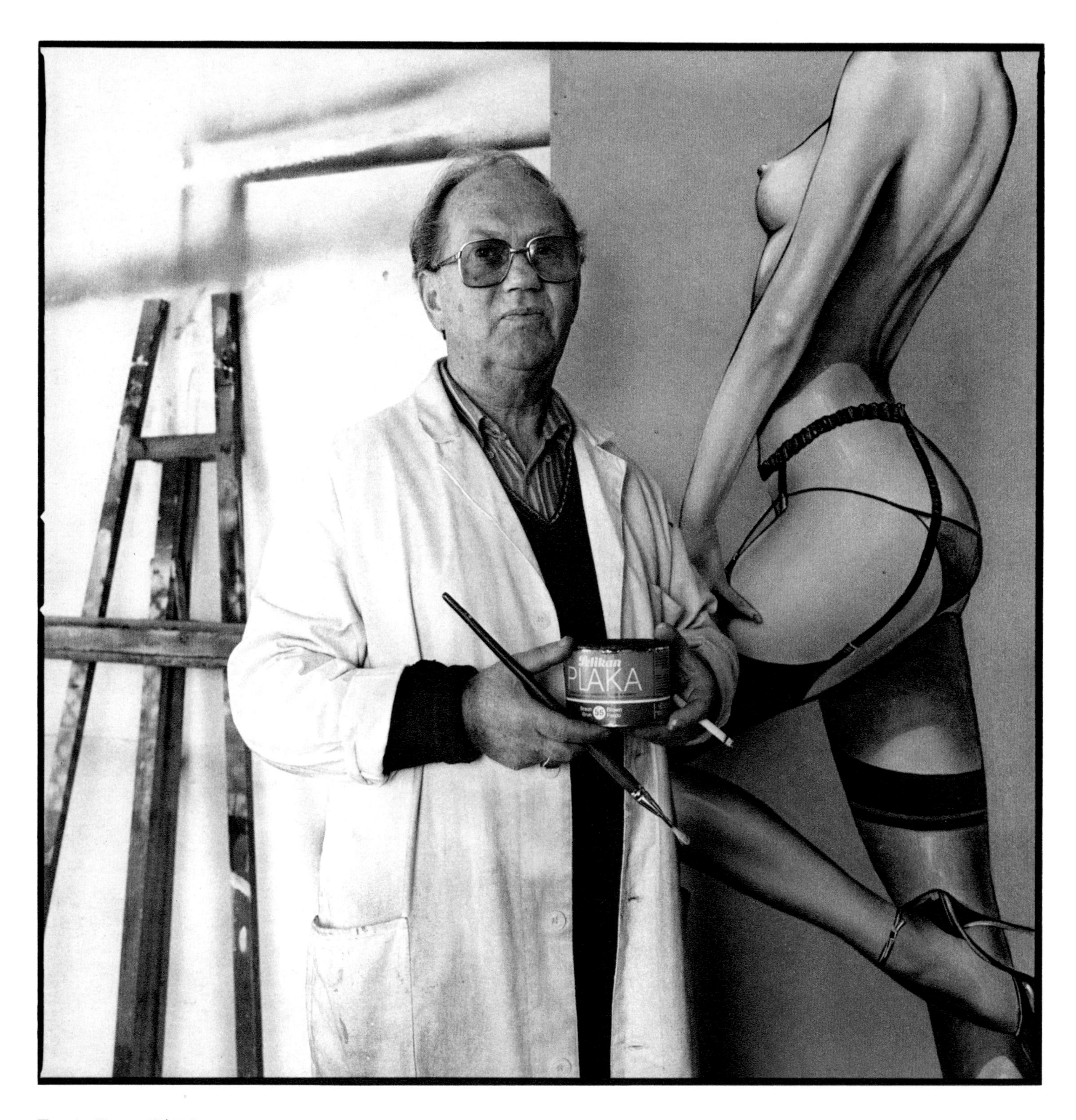

Erwin Ross, 55 Jahre
Plakatmaler
Oktober 1982

Günter Zint, 41 Jahre
Fotograf
Oktober 1982

Andreas Seyger, 6 Jahre
Swen Gustävel, 7 Jahre
Oktober 1982

Hans-Jürgen Prinz, 50 Jahre
Glasermeister
Oktober 1982

Gerhard Bauer (Rocky), 56 Jahre
Krankenpfleger
November 1982

Dr. Eduard Gottschalk, 81 Jahre
Praktischer Arzt
Dezember 1982

Günter Teske, 47 Jahre
Einholer in der Herbertstraße
Domenica Niehoff, 37 Jahre
Liebesdame
Januar 1983

René Durand, 60 Jahre
Besitzer des Sex-Theaters ›Salambo‹
Januar 1983

Rudolf und Christine Schollmeier, 39 und 34 Jahre
Kapitäne der Heilsarmee
Januar 1983

Ting Wo Chan, 39 Jahre
Shuet Kam Chan, 36 Jahre
Mei Ling Chan, 7 Jahre
Besitzer des Restaurants ›Tsingtau‹
Februar 1983

Peter und Jürgen Thies, 37 Jahre
Klempner- und Installateurmeister
Februar 1983

›Sisters B‹
Francois Zoltan (Ferenc), 72 Jahre
Jean Kiss (Jonni), 75 Jahre
Damenimitatoren
März 1983

Gisela Becher, 67 Jahre
Buchhändlerin
März 1983

Werner Redhead, 14 Jahre
Schüler
Frank Heger, 17 Jahre
Arbeitslos
August 1983

Ann Seefeld, 5 Jahre
Yasmin Geburzi, 9 Jahre
August 1983

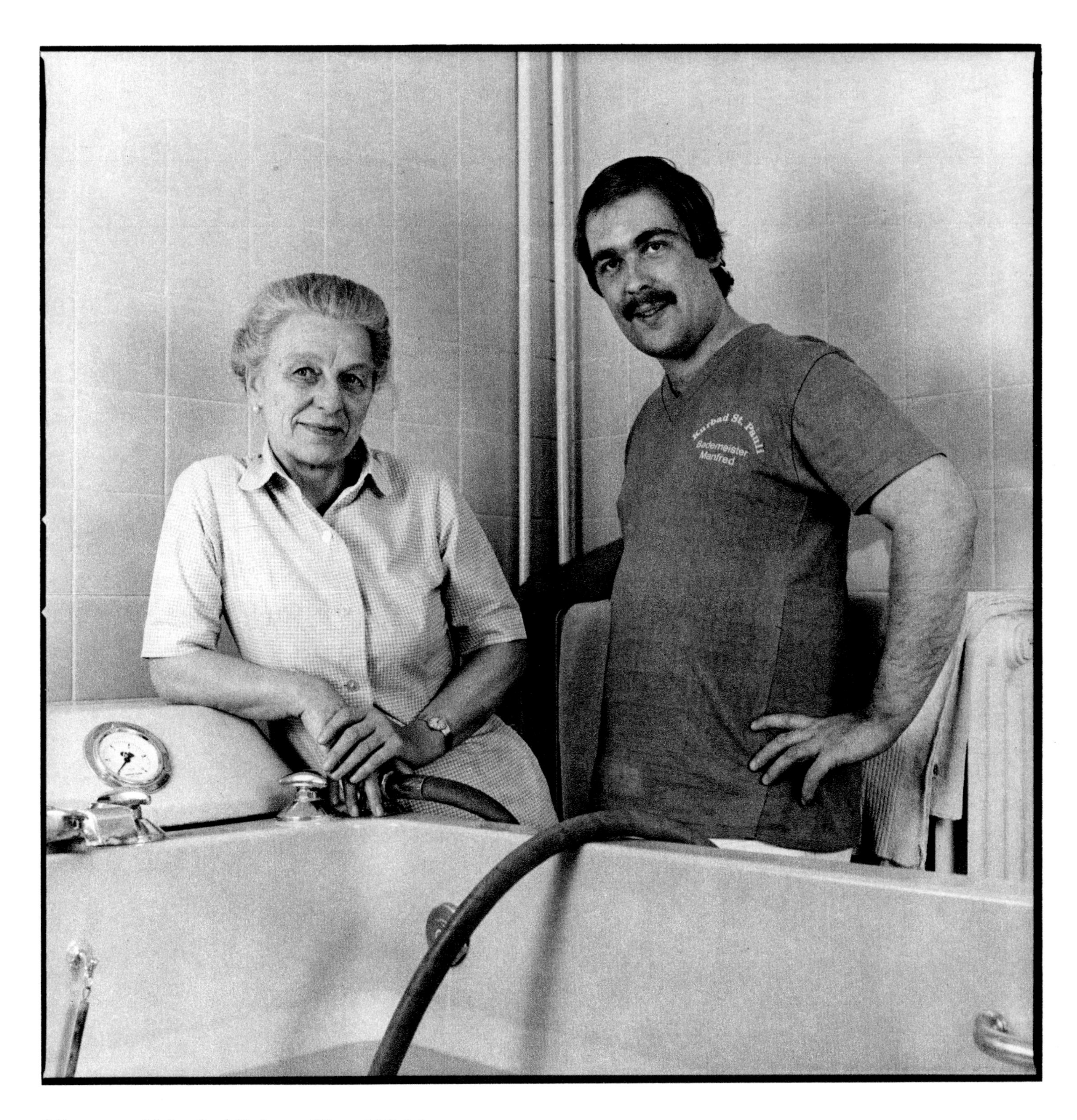

Margot und Manfred Koberg, 60 und 29 Jahre
Masseure im ›Kurbad – St. Pauli‹
September 1983

Ludwig Rielandt, 57 Jahre
Revierführer der ›Davidwache‹
Dezember 1983

Harry Rosenberg, 58 Jahre
Raritäten- und Kuriositätenhändler
Februar 1984

Fritz Damrau, 72 Jahre
Zeitungshändler
Mai 1984

Albert Mackels, 72 Jahre
Pfarrer an der ›St. Joseph-Kirche‹
Juni 1984

Carl-Heinz Hamann, 64 Jahre
Schulleiter an der Schule ›Friedrichstraße‹
Juni 1984

Jutta Ukena, 40 Jahre
Lehrerin an der Schule ›Friedrichstraße‹
Juni 1984

Hubert Jungesblut, 58 Jahre
Bezirksamtsleiter des Amtes ›Hamburg-Mitte‹
Juni 1984

Wilhelm Bartels, 69 Jahre
Kaufmann
Juni 1984

Heinz Köllisch, 67 Jahre
PR-Direktor im Ruhestand
Juni 1984

Almut Wolf, 44 Jahre
Medizinisch-technische Assistentin
am ›Bernhard-Nocht-Institut‹
September 1984

Michael Collien, 45 Jahre
Direktor des ›St. Pauli-Theaters‹
Oktober 1984

Doris und Kurt-Peter Lübberstedt, 38 und 42 Jahre
Konditormeister
Oktober 1984

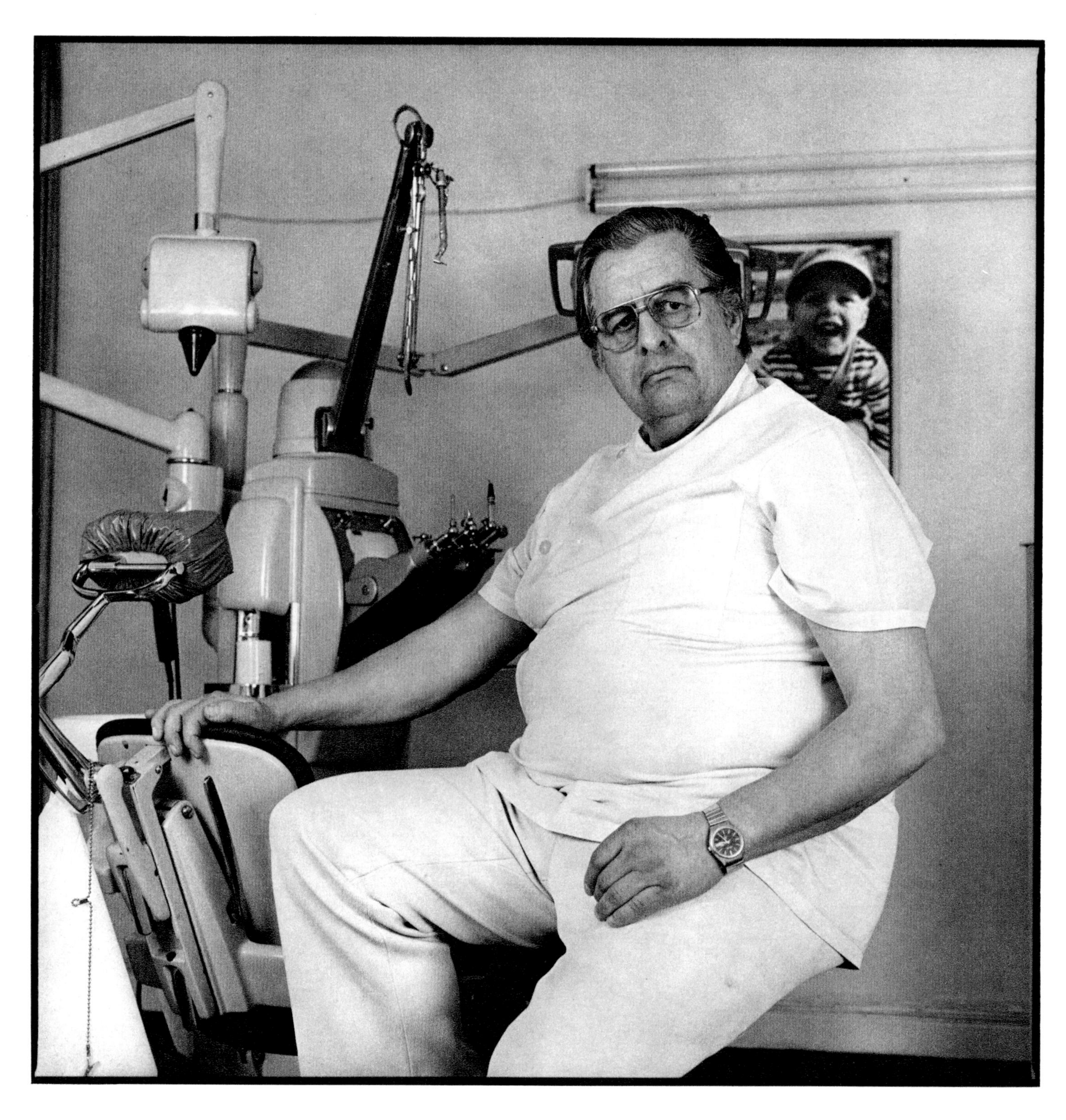

Wolfgang Dwenger, 58 Jahre
Zahnarzt
November 1984

Heino Bachur, 42 Jahre
Tischler am ›St. Pauli-Theater‹
November 1984

Prof. Dr. med. Manfred Dietrich, 46 Jahre
Leitender Arzt der klinischen Abteilung
am ›Bernhard-Nocht-Institut‹
November 1984

Bruno Koschmider, 58 Jahre
Schauspieler und Artist, Besitzer der Lokale ›Allotria‹ und ›Kaiserhof‹
Dezember 1984

Harry Pauly (Pauline Courage), 70 Jahre
Schauspieler
Januar 1985

Christa Mönnich (Melanie), 23 Jahre
Selbständig
Januar 1985

Frank Trhabinagone, 35 Jahre
Musiker
Februar 1985

Ralf-Peter Zlonike (Korn-Peter), 42 Jahre
Gelegenheitsarbeiter
Februar 1985

Renate Anna Kneip (Peggy), 42 Jahre
Selbständig
Februar 1985

Claudia Stöhr, 19 Jahre
Friseusin
Mai 1985

Horst Schleich, 40 Jahre
Gastwirt der Gaststätte ›Crazy Horst‹
Mai 1985

Dietrich Reichel (Marlo), 43 Jahre
Besitzer des Body-Building-Studios ›Marlos GYM‹
Mai 1985

Lothar Berendt (Lotti), 72 Jahre
Filmvorführer am Kino ›Oase‹
Juni 1985

Karl-Friedrich Werner, 59 Jahre
Frührentner
Hans-Georg Gotthart, 36 Jahre
Seemann
Juli 1985

Dr. Bruno Hess, 75 Jahre
Studiendirektor im Ruhestand,
1. Vorsitzender des ›St. Pauli-Bürgervereins‹
Juli 1985

Hannes J. Kleine (Hanne), 53 Jahre
Gastwirt der Gaststätte ›Zur Ritze‹
Juli 1985

Dr. Otto Paulick, 46 Jahre
Rechtsanwalt, Präsident des ›FC-St. Pauli‹
Juli 1985

Jonas Müller, 28 Jahre
Lichtsetzer
August 1985

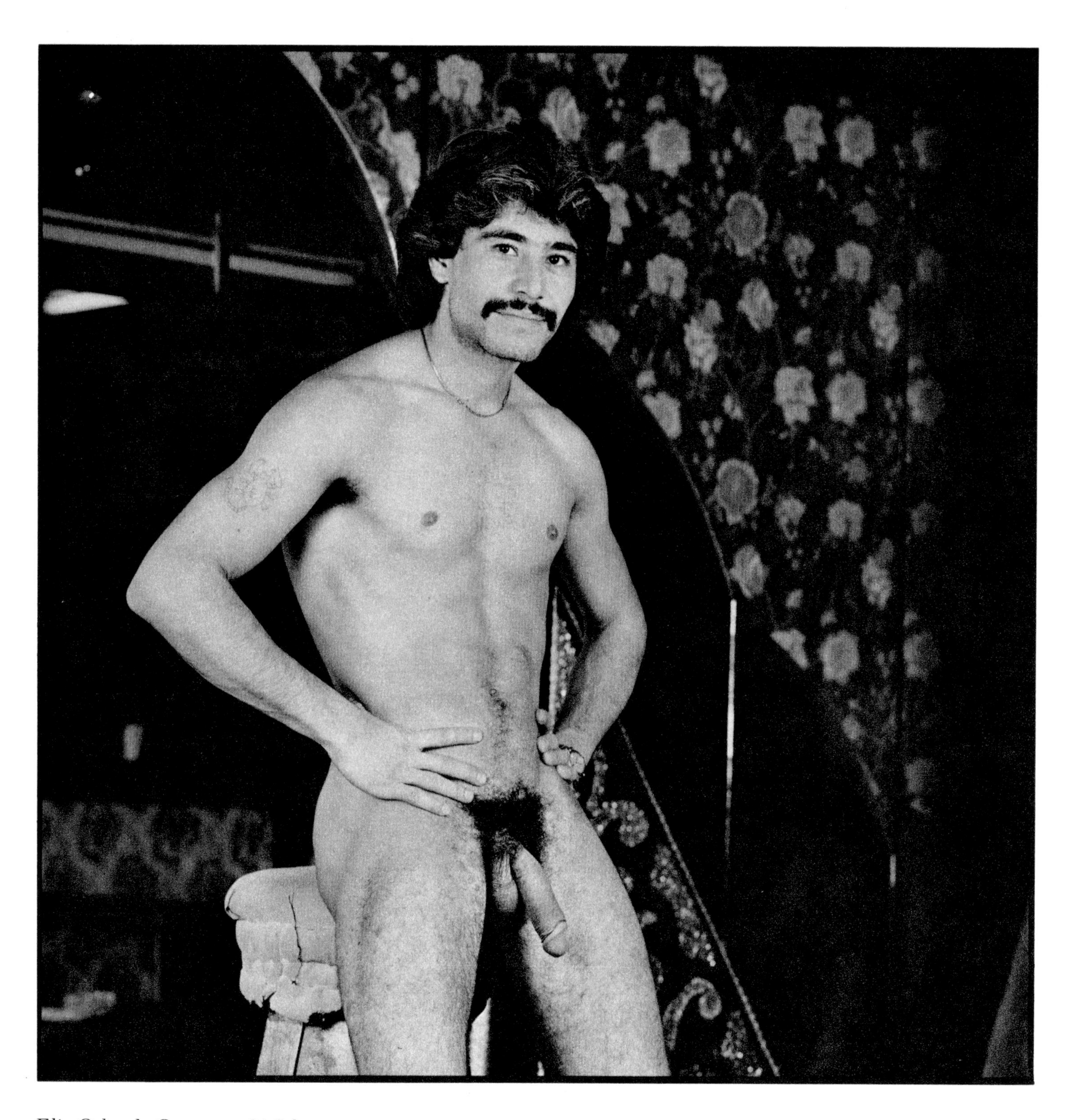

Elio Orlando Carmona, 24 Jahre
Artist im Sex-Theater ›Salambo‹
August 1985

Roberto E. F., 30 Jahre
Kellner im Sex-Theater ›Salambo‹
August 1985

Horst Fascher, 49 Jahre
Manager
August 1985

Gerd Linneweber, 39 Jahre
Portier im ›Cafe Keese‹
August 1985

Mariella Loue, 32 Jahre
Artistin im Sex-Theater ›Salambo‹
August 1985

Gina Bojé, 29 Jahre
Schülerin
September 1985

Dr. Uwe Paulsen, 53 Jahre
Vorsitzender des Vorstandes
der ›Bavaria-St. Pauli-Brauerei AG‹
September 1985

Paul Eversberg, 73 Jahre
Rentner
September 1985

Lucio Orlando, 37 Jahre
Freier Künstler
November 1985

Dieter Brockmann, 45 Jahre
Besitzer des Restaurants ›Fischgaststätte‹
November 1985

Peter Schnelle (Pornopeter), 40 Jahre
Kraftfahrer
November 1985

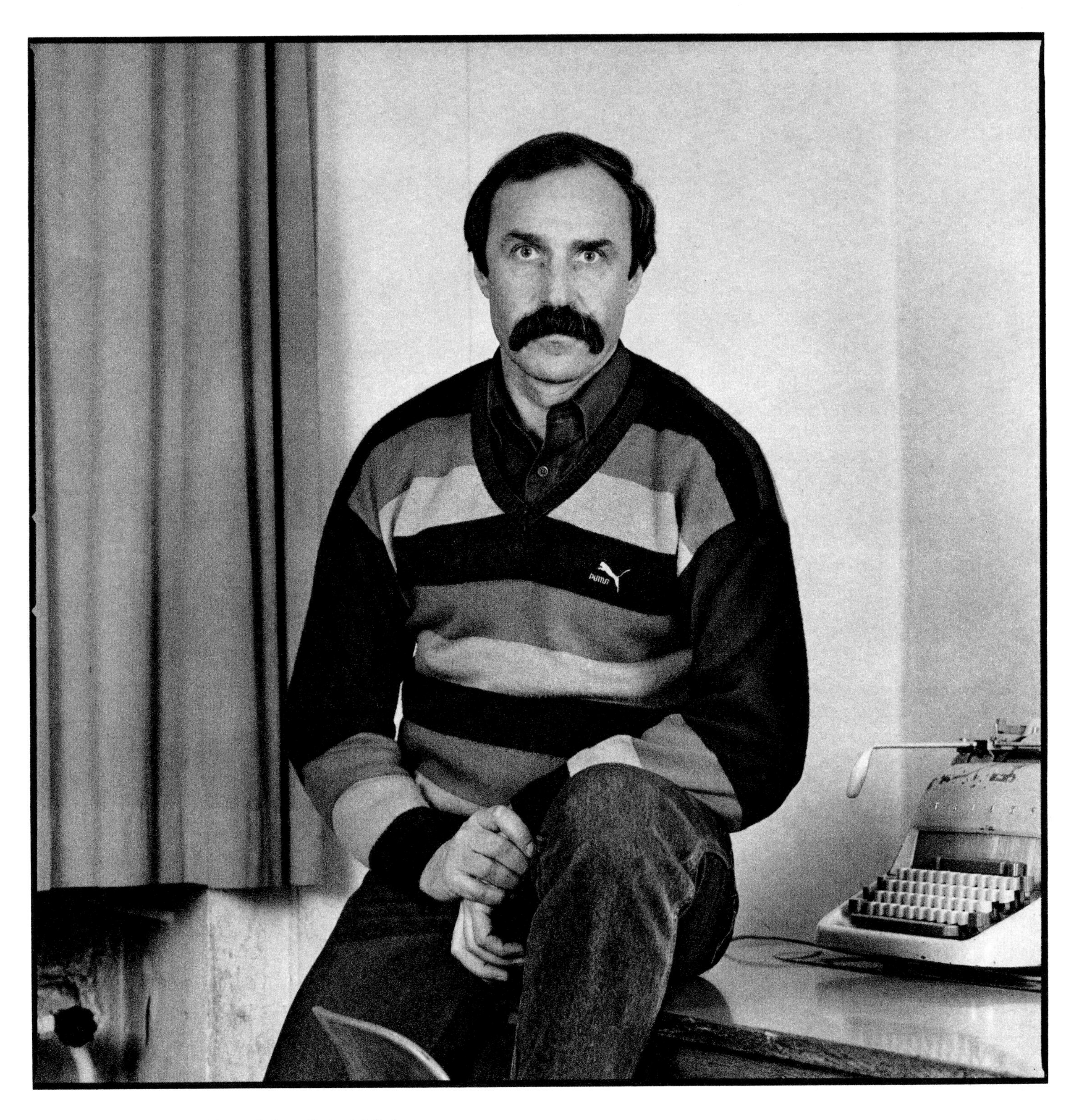

Hans-Jürgen Rahn (Der Schnelle), 44 Jahre
Polizeihauptmeister
November 1985

Francesco Cuneo, 42 Jahre
Gastwirt der Gaststätte ›Cuneo‹
November 1985

Bettina Meyer, 28 Jahre
Ärztin
Februar 1986

Werner Lorenz, 59 Jahre
Schwerbehindert
Oliver Ludwig, 4 Jahre
Mai 1986

Karl-Heinz Elschner (Kalle), 23 Jahre
Polizeimeister
Juni 1986

Maria Kohnen, 51 Jahre
Postbeamtin
Juli 1986

Sadik Cagman, 15 Jahre
Schüler
Juli 1986

Harald Rosenberg, 29 Jahre
Fäääarückter
August 1986

Marika Rökk, 73 Jahre
Schauspielerin, Sängerin, Tänzerin
Dezember 1986

ÜBER MEINE PHOTOGRAPHIEN

Bei den photographischen Streifzügen durch St. Pauli liegt mir nichts an einer hastig recherchierten, spektakulären Story, die, einmal aus der Hand gegeben, leicht außer Kontrolle geraten kann und lediglich eine »schnelle Mark« verspricht. Gerade auf St. Pauli leben zahlreiche Opfer skrupelloser Journalisten, für die das sensationelle Bild im Vordergrund stand und nicht der Mensch.

Ich fühle mich gegenüber jedem Menschen, den ich portraitiere, in der Verantwortung; ich achte seine persönliche Würde. Meine Bilder umgeben mich zu Hause. Ich betrachte sie gern in aller Ausgiebigkeit.

Manchmal nehme ich dabei sogar scheinbare mimische Wandlungen wahr: ein leichtes Lächeln fliegt über das sonst ernste Gesicht; ein zunächst freundlicher Blick trübt sich. Immer wieder erlebe ich auch mit Erstaunen, wie meine eigene augenblickliche Stimmung sich im gegenüberstehenden Portrait abzuzeichnen beginnt oder gar von diesem beeinflußt wird. So, möchte ich fast sagen, lebe ich mit meinen Bildern.

Aber auch mit meinen Menschen lebe ich. Täglich begegne ich ihnen in meiner Nachbarschaft. Im Laufe der Jahre ist viel Vertrautheit und Herzlichkeit entstanden, Freundschaften sind gewachsen.

Nach dem Photographieren entwickele ich jeden Film in der Erwartung ob er meinen Ansprüchen standhält, und – das halte für mindestens ebenso wichtig –, ob er den Vorstellungen der Portraitierten entspricht. Selbst bei meiner eher inszenierenden Photographie, die zwar ausreichend Raum zur Selbstdarstellung gibt, aber eigentlich recht wenig dem Zufall überläßt, entstehen hin und wieder unbefriedigende Resultate. Da kann es schon vorkommen, daß ein mir scheinbar gelungenes Photo enttäuscht abgelehnt wird. Ich nehme so etwas sehr ernst, denn ein als unvorteilhaft empfundenes photographisches Abbild kann tief verletzen.

Deshalb fotografiere ich die Menschen grundsätzlich nur so, wie sie sich verstehen. Eine kritische Charakterisierung mit der Kamera entspricht nicht meinen Vorstellungen. Ich empfinde das sogar als überheblich. Ich meine, mir steht das Recht einer photographischen Verurteilung anderer nicht zu. Gerade durch diese Einstellung wird mir auf St. Pauli Vertrauen entgegengebracht.

Zum Schluß möchte ich mich noch einmal ganz herzlich bei allen Menschen bedanken, die ich portraitieren durfte.

JÖRG MEIER

JÖRG MEIER AUTOBIOGRAPHISCHES

1950	Geboren in Cuxhaven.
1962	Mein erster Fotoapparat, eine 6×6-Sucherkamera.
1969	Abitur. Beginn des Studiums an der »Hochschule für Bildende Künste« in Hamburg, Fachbereich Kunsterziehung. Studienschwerpunkte: Visuelle Kommunikation, Photographie, Graphik.
1970	Beginn des Studiums an der »Universität Hamburg«, Fachbereich Sozialwissenschaften. Studienschwerpunkt: Visuelle Kommunikation.
1971	Meine erste Spiegelreflexkamera.
1973	Veröffentlichung der Gemeinschaftsarbeit: »Visuell-gesturale Kommunikation in der Anzeigenwerbung«.
1975	Erstes Staatsexamen.
1977	Zweites Staatsexamen. Beginn der Unterrichtstätigkeit als Kunstlehrer an einem Hamburger Gymnasium. Umzug nach St. Pauli.
1978	Erste photographische Studien auf St. Pauli ohne besondere Aufgabenstellung. Die Menschen auf St. Pauli faszinieren mich immer mehr. Sie werden allmählich zum Hauptthema meiner photographischen Arbeit.
1981	Ich erwerbe eine 6×6-Spiegelreflexkamera.
1982	Ausstellung in der »Staatlichen Landesbildstelle – Hamburg«. Thema: »Menschen auf St. Pauli«. Ausstellung zum selben Thema in der »St. Pauli-Kirche« anläßlich der 300-Jahr-Feier.
1990	??? Ein Ende meiner Arbeit sehe ich nicht.

Die Erzählungen der hier abgebildeten, und vieler weiteren Menschen sind unter folgendem Titel zu finden:
JÖRG MEIER »ICH MÖCHTE KEINE MINUTE MISSEN«
Menschen auf St. Pauli erzählen / 177 Portraits in Text & Bild
Etwa 300 Seiten, Paperback GRENO 10/20 (Programm August 1987)